CH. DELZANT

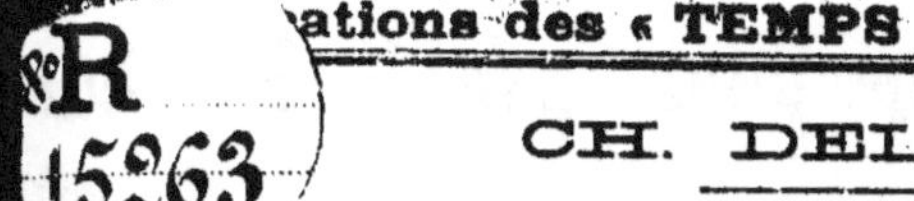

Le Travail de l'Enfance dans les Verreries

Prix : **0 fr. 10**

TÉMOIGNAGE

1er décembre 1906.

Dans une verrerie du Nord, j'interroge un gamin porteur de bouteilles. L'enfant a reçu un coup de canne de verrier sous l'œil. Son crâne et sa mâchoire portent l'empreinte d'une triste hérédité et tel qu'il est, il semble bien le dernier échelon d'une longue génération d'exploités.

Je l'adosse au mur d'un four à réchauffer et pendant que je le dessine, il m'apprend que son père est mineur et qu'il l'a envoyé à la verrerie pour le faire échapper à la mine. Il est dans cette usine depuis un an et demi et il a 12 ans.

Mais le directeur de l'usine qui nous accompagne surveille mon dessin. L'enfant ouvrier, ce " reproche vivant ", reste immobile devant nous. Ses yeux sont terribles. L'un semble possédé d'une crainte de bête traquée, l'autre me regarde avec un peu de haine et avec l'angoisse d'une révolte qui ne viendra jamais au jour.

« Allons, c'est fini, me dit le directeur en me poussant presque amicalement par l'épaule, l'ingénieur va venir et il ne faut pas déranger " les ouvriers ! " »

Pauvre ouvrier exploité de 12 ans, emporte ton image et elle fortifiera dans tous les jeunes cœurs, la haine de la société actuelle.

GRANDJOUAN.

Groupe de Propagande par la Brochure

La propagande par la Brochure est une des meilleures propagandes si on peut la faire avec suite.

Le Révolté, La Révolte, Les Temps Nouveaux s'y sont employés de leur mieux. A l'heure actuelle, plus de 60 brochures diverses, dont les différents tirages réunis, dépassent un million d'exemplaires, ont été lancées par eux.

Malheureusement, les fonds manquent pour pouvoir en imprimer plus souvent de nouvelles, ou réimprimer, lorsque c'est nécessaire, celles qui sont épuisées.

Il s'agit donc de trouver **500** souscripteurs s'engageant à verser chacun **12** fr. par an. Nous serions alors en mesure d'imprimer chaque mois — ou de réimprimer parmi celles épuisées — une nouvelle brochure de **0** fr. **10** ou deux de **0** fr. **05**.

Par contre, voici les avantages que nous offrons aux souscripteurs :

1º A chaque tirage, il leur sera expédié autant d'exemplaires que le comportera le montant de leur souscription calculé avec une remise de 40 0/0, frais d'envoi déduits

Ce qui leur permettra de s'employer à la propagande, en faisant circuler les brochures parmi ceux qu'ils connaissent, soit en les distribuant eux-mêmes, soit par la poste lorsqu'ils ne voudront pas faire savoir qu'ils s'intéressent à la propagande ;

2º A chaque souscripteur qui sera libéré de sa souscription, il sera envoyé une lithographie spécialement tirée pour les souscripteurs.

Cette lithographie qui sera demandée à l'un des artistes qui ont déjà donné au journal, ne sera pas mise en vente et vaudra à elle seule, largement, le prix de souscription ;

3º A ceux qui souscriront **15** francs par an, il sera expédié un nombre de brochures dont le montant égalera celui de la souscription, calculé, toujours avec une remise de 40 0[0, plus une eau-forte qui, elle aussi, sera tirée spécialement pour eux, et non mise dans le commerce.

Ceux qui savent le prix d'une eau-forte artistique apprécieront le cadeau que nous leur offrons ;

4º A ceux qui souscriront au-dessus de **15** francs, il sera fait cadeau de la lithographie et de l'eau-forte.

Au camarade qui nous trouvera **10** souscripteurs, il sera fait cadeau de la lithographie. — Celui qui en trouvera **20**, recevra l'eau-forte.

Les souscriptions peuvent être versées par fractions mensuelles ou trimestrielles, etc., au gré des souscripteurs.

A ceux qui s'engageront mensuellement et qui ne se libéreraient pas de leur promesse, il sera, à la fin du trimestre, adressé un remboursement pour les 3 mois.

Adresser les souscriptions au camarade Ch. BENOIT,
3, rue Bérite, PARIS.

N.-B. — En discutant avec des camarades, il est facile de leur glisser une brochure, et de leur arracher deux sous. Les souscripteurs pourront ainsi récupérer le montant de leur souscription, et augmenter leur propagande.

Brochures à l'étude : *Les trois complices (Prêtre, Juge, Soldat)*, de R. Changhi. — *Le Militarisme* de D. Neuwenhuis. — *Origines et morale du Christianisme*, de Letourneau. — *La Guerre*, de Kropotkine. — *La Loi et l'Autorité*, de Kropotkine.

Publications des « TEMPS NOUVEAUX » — N° 57

CH. DELZANT

Le Travail de l'Enfance dans les Verreries

Prix : 0 fr. 10

1er Tirage, 15,000 Exemplaires

PARIS

LES TEMPS NOUVEAUX

4, Rue Broca, 4

1912

Le Travail de l'Enfance
dans les Verreries

L'industrie du verre a une existence particulière, ses coutumes, ses travaux sont particuliers ; c'est une industrie du feu. Comme telle, elle devait être soumise à des règlements spéciaux, elle ne l'a pas été, elle ne l'est pas encore ; elle vit sans obligations, sans contrôle, les hommes et les enfants lui sont livrés sans aucune protection ; elle en fait une consommation effrayante.

Elle s'est développée sur la fin du siècle dernier ; ses fours ont été transformés, agrandis ; les petites usines ont disparu, la concentration s'est opérée ouvrant aux plus favorisées des prérogatives dont elles profitèrent largement.

Contre la concurrence étrangère, elle fut protégée aux frontières par des droits prohibitifs ; ainsi maîtres du marché, les patrons formèrent des *comptoirs* et imposèrent leurs prix.

Aux syndicats ouvriers qui s'ébauchèrent (1), ils opposèrent une *organisation nationale de combat* : par les coupes sombres répétées, le bannissement, les contrats léonins, les procès en cas de rupture, ils tinrent les ouvriers courbés sous leur férule.

Trop routiniers, trop veules pour lutter sur les marchés extérieurs, ils se sont laissés supplanter par leurs concurrents étrangers ; ils font leur beurre du marché intérieur en limitant la production par des chômages qui leur livrent ensuite les ouvriers affamés.

Ils invoquent à tout propos la concurrence étrangère, et dans l'Est et le Centre, où ils sont outillés mécanique-

------

(1) Les Syndicats existant en 1890 se réunirent en Congrès à Lyon et constituèrent la première Fédération des Verriers. Une lutte acharnée s'engagea dans laquelle la Fédération fut décimée et succomba. Le mot d'ordre patronal est : pas de syndicat, pas d'intervention légale.

ment pour la fabrication des bouteilles, et pourraient lutter contre l'étranger, c'est contre la verrerie française soufflant à la canne qu'ils portent leurs coups. Ils luttent, région contre région, le Centre contre le Nord.

Leur solidarité consiste, d'une part, dans la défense des tarifs douaniers ; d'autre part, à combattre les revendications ouvrières et l'intervention législative ; hors de là : chacun pour soi.

Ils s'enrichissent entre ces tarifs et une exploitation éhontée de l'enfance : les tarifs douaniers, c'est leur rempart ; l'exploitation de l'enfance, c'est leur plate-forme.

Ils asservissent et pressurent notre malheureuse corporation et lui imposent le travail dans des conditions qui confinent à l'assassinat.

Et le fait qu'ils crient misère contre l'intervention légale ne prouvent pas qu'ils sont pauvres ; allez plutôt voir leurs domaines, vous vous rendrez compte que ce n'est pas en vain que nous emplissons les cimetières. Nous doutons que l'industrie pratiquée dans ces conditions soit très favorable à la France.

Mais nous, qui dénonçons le crime contre la nation, nous sommes de mauvais français.

*_**

Singulière industrie que la verrerie ! autour des fours transformés en vue de productions rapides et continues, les formes moyennageuses du travail subsistent, empirées pour les ouvriers, par la surproduction, dont les *poumons* sont tributaires, le travail de nuit. l'ardeur rayonnante des fours qui lancent et brûlent extérieurement, défigurent, abîment les yeux jusqu'à la cécité ; l'ouvrier verrier fait effort des muscles et des poumons des centaines, des milliers de fois par jour, suivant les pièces qu'il produit ; il souffle dans la canne homicide pour donner, à la boule de verre en fusion, les formes voulues : *le cylindre de la vitre, la bouteille, le verre, le globe ou l'appareil de laboratoire.*

Son effort se répète durant *huit, dix* et *douze* heures de jour ou de nuit, dans une atmosphère viciée par la chaleur, la fumée, les microbes qu'expectoreront les poitrines malades.

Aussi les hommes s'usent-ils vite ; il en meure 80 % de la tuberculose (pulmonaire surtout) ; près de 60 % décèdent avant quarante ans, les autres ne dépassent pas cinquante.

La maladie en élimine une grande partie qui, ne voulant pas mourir, quittent le métier dès qu'ils se sentent *pris*, ils n'attendent pas d'être *cuits*, comme tant d'autres qui, malgré les *points*, les *sueurs* durant le sommeil, l'amaigrissement, s'efforcent de continuer à souffler, jusqu'au jour où ils tombent pour ne plus se relever.

Parmi ceux qui ont résisté, la plupart ayant été réformés à temps, ont pu se refaire ; quelques-uns passent soixante ans, mais les générations actuelles, avec l'intensité de la production, le travail de nuit, la chaleur des fours, disparaîtront plus jeunes. L'âge de mortalité s'abaisse de plus en plus.

La dégénérescence, dans la profession, est frappante ; la mortalité infantile enlève la plus grande partie des enfants ; ceux qui vivent et accèdent au métier résistent moins que leurs ascendants. La corporation ne se reproduit plus d'elle-même comme autrefois, il faut continuellement aux verreries de nouvelles provisions de jeune viande à feu.

De là les cris d'aigles blessés des patrons lorsqu'il est question de réformes visant le travail des enfants dans leur industrie.

****

L'abus de la main-d'œuvre infantile existe depuis toujours, mais il a grandi avec le développement de la verrerie ; les patrons confessent, sans honte, que leur industrie tient à cela.

Ils prirent d'abord les enfants à 7 ans, dès qu'ils pouvaient tenir un outil et courir ; cette pratique criminelle a subsisté, on ne les prend plus à 7, mais à 9 et 10 ans. Les infractions à la loi sont tolérées ; où le service de l'inspection s'accomplit, on ruse, on fraude, on se moque des inspecteurs avec la complicité inconsciente des ouvriers qui, à chaque visite, font cacher les enfants. La loi est ici violée, sabotée, ridiculisée ; la répression contre ce meurtre de l'enfance n'existe pas ; pris au fait, c'est par des amendes de *cent sous* que les patrons s'en tirent. A ce prix là, ils ne se privent pas de récidiver.

Ceci est pour l'âge : voyons maintenant le travail.

L'enfant en verrerie, est l'être sans défense qu'on charge et surcharge ; on lui impose les mauvaises places, à la chaleur, dans la fumée, aux courses esquintantes où les hommes se refusent ; il est le bouche-trou à tous les postes ; on l'insulte, on le frappe, on le surmène, lui imposant parfois double journée ; il plie sous la fatigue, il gémit, il pleure, on ne le voit ni on ne l'entend ; autour des *fours* tout le monde souffre, et on est sans pitié ; un gosse tombe, se blesse, se brûle, ce n'est rien, c'est le métier qui entre.

Cette exploitation s'est aggravée, l'appétit des patrons est sans borne : ils ne se contentent plus d'en faire des auxiliaires, ils en font des verriers ; à la canne funèbre, au feu des *ouvreaux* (1), ceux-ci font des travaux d'hommes.

Les maîtres sont riches et influents, outre la tolérance pour l'emploi des gosses en bas âge, ils ont obtenu des dérogations à la suppression du travail de nuit ; et depuis que leur misérable exploitation est dénoncée, que l'opinion publique s'émeut, *un décret du ministère du travail, en date du 8 octobre* 1911, les couvre en autorisant encore le soufflage à l'âge de 14 ans dans les verreries blanches.

Or, ce sont, précisément, celles où il y a le plus d'abus, où les enfants sont dans la proportion de 50 %, où leur emploi au soufflage est une spéculation criminelle ; si dans les verreries à bouteilles ou à vitres les jeunes gens soufflent, c'est au même tarif que les adultes, mais dans les verreries blanches, aux mêmes travaux que ces der-

---

(1) Les *ouvreaux* sont les ouvertures faites aux parois des fours par lesquelles les ouvriers prennent le verre à l'aide de la canne qu'ils trempent dans les pots, cu creusets, ou dans le bassin. Ils y réchauffent aussi les pièces pour les finir. C'est devant les ouvreaux que les ouvriers, petits et grands, travaillent.

niers, c'est moitié et les deux tiers moindres qu'on les
paye.

Voilà le secret du soufflage de bonne heure et des
prétendues nécessités de l'industrie.

Il est utile de dire aussi qu'il n'y a qu'un tiers de ces
verreries qui font souffler à 14 ans, le *décret ministériel*
couvre donc ici un abus que rien, absolument rien, ne
justifie.

Ils sont partout surmenés, et on ne s'arrête pas à
l'emploi des garçons, les petites filles, les petites misérables sont occupées dans ces géhennes.

Dans les verreries à bouteilles ils portent les produits
aux *arches* (1) à recuire ; de 500 à 700 fois par jour ils
font le trajet de leur place aux arches ; c'est par 20, 30
et 40 kilomètres que se chiffrent leur parcours journa-
lier ; cela en huit heures de travail ; ceux qui font douze
heures courent davantage encore.

Passé 13 ans, souvent avant, ils deviennent cueilleurs ;
encadrés dans les adultes, ils sont constamment aux
ouvreaux, le corps au feu ; on exige d'eux la même
résistance que des hommes ; ils résistent, mais sont
maigres, brûlés au visage et parfois effrayants.

De 15 à 16 ans, ils sont *grand-garçons* (*aides-
souffleurs*), ici ils soufflent, et le verre à bouteilles ordi-
naire a cette particularité, la composition étant rude,
d'être plus dur à souffler que les autres. A 18 ou 20 ans,
quelquefois avant, ils passent souffleurs.

C'est une gloire pour le jeune homme d'être souffleur
de bonne heure, car la paye est plus forte ; c'est l'orgueil
des parents aussi d'avoir des souffleurs qui rapportent
beaucoup d'argent ; aussi les y pousse-t-on ; le glorieux
jeune homme finit généralement poitrinaire à 30 ans ;
mais il ne vient à personne l'idée d'accuser le métier.

Sur quatre ouvriers par place, y compris le porteur,
il en est souvent trois âgés respectivement de 12, 14 et
15 ans. On comprend que dans ces conditions, la sup-

____

(1) Les pièces fabriquées sont portées dans des fours à tem-
pérature graduée appelés *arches* où elles refroidissent lente-
ment en avançant d'une extrémité à l'autre. D'où le terme
porter à l'arche.

pression du travail de nuit soit difficile à résoudre, mais qui oblige à cela, si ce n'est l'organisation vicieuse du travail et l'abominable pratique de pousser les jeunes aux ouvreaux et au soufflage.

Mais ce ne sont ici que des exceptions, généralement les jeunes gens sont deux par place.

C'est de l'organisation du travail dans les verreries à bouteilles du Nord que nous venons de parler, et la preuve qu'elle n'est pas nécessaire, c'est qu'en Champagne, dans les mêmes verreries, on ne souffle généralement pas avant 18 ans ; où les jeunes gens sont abîmés ici, c'est surtout au portage.

Dans les verreries blanches, c'est le comble, les gosses de 9 à 12 ans sont trois par place : un *teneur de moule*, un *porteur*, un *chauffeur* ; ce dernier réchauffe les cols aux ouvreaux, près de l'*ouvreur*, il est au feu ; le porteur, ou la porteuse, trotte de la première pièce à la dernière ; quant au teneur de moules, assis sur une brique, ou accroupi dans un trou, les pieds baignant dans une boue infecte, dans la fumée qui l'enveloppe et l'empoisonne, il cuit souvent le dos à l'*arche* et le moule rouge au ventre.

Ce n'est pas tout pour la verrerie blanche, c'est ici que se rencontrent les souffleurs de 13, 14 et 15 ans ; c'est ici, que pour le même travail, on donnera au souffleur adulte 6 francs par jour et 2 fr. 50 à l'enfant. C'est cette spéculation que couvre le récent *décret ministériel*.

Ils sont moins nombreux autour des *fours à vitres*, les pièces à souffler étant plus lourdes et nécessitant le concours de l'adulte ; ils font les premiers *cueillages* (1) dont le poids, selon la loi, ne doit pas excéder un kilo ; mais où est le contrôle, où la loi est-elle observée ? La *canne pèse déjà de 6 à 10 kilos*, et outre les premiers cueillages on leur fait faire les seconds ; ce n'est plus un, c'est trois à cinq kilos.

Mais ce que la loi n'a pas limité, parce que le législateur ne voit pas, ne sait pas, et parce qu'il s'est basé ici

---

(1) Prendre le verre à l'aide de la canne dont on enrobe l'extrémité, préalablement chauffée, s'appelle cueillir le verre, la boule de verre que l'on obtient est le *cueillage*.

sur les témoignages patronaux exclusivement, ce qui les surmène surtout, c'est la continuité de l'effort durant huit ou neuf heures, sous le feu des ouvreaux qui mesurent jusqu'à 0 m. 60 de diamètre, et qui assomment. Ce qu'on ne sait pas non plus, lorsqu'on n'est pas verrier : c'est qu'après chaque pièce terminée, l'adulte descend de la *place* et respire quelques minutes loin du feu ; mais le gosse qui sert, cueille, chauffe les outils, le gosse qu'on écrase de fonctions, le petit nègre sans défense n'a même pas le temps de descendre pour boire et prendre un peu d'air frais ; il reste constamment au feu.

Il faut dire ces choses ! il faut le dire pour les patrons sans entrailles et les ouvriers qui se déchargent sur l'apprenti ; il faut le dire pour que les inspecteurs du travail le voient, pour qu'on supprime cette double exploitation.

Je heurte ici le privilège des souffleurs qui feignent ne pas voir que c'est sur le dos de l'enfant qu'ils surproduisent.

Il y a autre chose qui est pire, et sur quoi les patrons ferment les yeux ; pendant les fortes chaleurs, une partie des souffleurs s'associent à deux et font chacun moitié de la journée, soit quatre heures, ou huit en alternant ; c'est ce qu'on appelle *travailler à deux pour un*. C'est ce qu'il faudrait l'été pour tous les verriers, mais seuls les souffleurs, qui ont des salaires élevés, peuvent en bénéficier ; ils tirent donc à pleins bras chacun leur *quatre heures* ou leur huit heures à *deux*, alors que les cueilleurs épuisés, trempés de sueur, la tête bourdonnante, sont tenus de les servir sans arrêt.

Ce côté du surmenage de l'enfant n'est pas unique, il en est d'autres ; mais du moment qu'il a treize ans, la loi est satisfaite, il est permis de le tuer.

***

Mais si les enfants sont malheureux durant le travail de jour, celui de nuit leur est un véritable supplice ; qu'on en juge :

Les équipes du soir arrivent de mauvaise humeur,

c'est la semaine maudite ; dans le jour on dort, mais on dort mal, les bruits des voitures, les cris d'enfants, les disputes du quartier cassent le sommeil, on ne repose pas. Les enfants, les *gamins de nuit* jouent pendant le jour plus qu'ils ne dorment, le repos est sacrifié, ils viennent au travail fatigués.

L'ordre de mise en route est donné, les cueilleurs ont chauffé les *cannes* ; silencieusement la *viande à feu* se met en mouvement ; les membres sont raides des fatigues précédentes, aux premières pièces les os craquent, il faut une demi-heure d'ouvrage pour que les articulations jouent normalement, pour qu'on soit *déraidis* ; les mains brûlent intérieurement, sont sèches et se cassent aux premiers efforts ; les lèvres et les joues gercées, déchirées, sont douloureuses.

La mauvaise humeur perce à tout propos, un outil dérangé, une pièce manquée ou brisée, le *chef de place* commande ou réprimande durement ; les jeunes s'efforcent de ne pas manquer, ils savent que, généralement, les aigreurs retombent sur eux.

Personne ne parle, on n'entend que les cliquetis de fer et de verre brisés dans les casselles : on tire sur toutes les places, les hommes s'épient, s'efforcent de se suivre, de se dépasser, de s'en prendre une (faire une pièce de plus) ; ils courent, obsédés comme des fous, pour souffler autant ou plus que les autres ; dans cette course effrenée, les enfants doivent suivre.

Seuls les commandements, les *engueulades*, les disputes et les pleurs des petits s'élèvent des places où ça ne va pas, ces derniers se rejettent réciproquement les responsabilités d'un manquement, les plus petits ont le plus souvent tort.

Après les premières heures, les membres et les yeux s'alourdissent, les petits porteurs traînent la jambe, *n'arrivent plus*. C'est machinalement qu'ils accomplissent leurs mouvements, n'ayant plus conscience qu'ils travaillent. Ils oublient, ils fautent, brisent, trébuchent et tombent ; l'engueulade les réveillent, quand ce n'est pas les coups. C'est ainsi, rappelés constamment à la réalité, qu'ils accomplissent la besogne. Un peu plus tard, le mal du sommeil (la varingue) les prend et ils tomberaient sans les rappels brutaux des plus grands.

Ils ne subissent pas que les réprimandes, ils reçoivent des coups ; on frappe les enfants plus ou moins durement, mais on les frappe ; le travail qu'on exige d'eux pousse à cela ; ils ne peuvent faire sans manquer, sans briser, sans avoir sommeil et compromettre le travail des adultes à qui, parfois, la patience échappe.

Assis sur une brique ou dans les trous infects, le teneur de moules de 8 à 12 ans est presqu'immobile, son attention est retenue incessamment sur le moule qu'il doit, à chaque pièce, ouvrir et fermer ; rien n'est plus pénible que cette presque immobilité, cette fixité continuelle du feu, ce mouvement mécanique, toujours le même, durant toute une nuit. Quand la *varingue* prend l'enfant, que le feu lui fait mal aux yeux, qu'il lutte péniblement contre la fatigue et le sommeil, un faux mouvement le fait pincer une pièce ; à la récidive, c'est un coup de pied, de canne, ou c'est un verre d'eau à la figure ; c'est ainsi toute la nuit ; des brutes vont plus loin, ils le brûlent pour le réveiller.

C'est l'horrible réalité, on brutalise les enfants, on les insulte, c'est dans le métier. Il y a progrès, on les brutalise moins qu'autrefois, nous avons fait beaucoup pour cela, mais dans les régions où l'organisation ouvrière manque, où le passé tout entier subsiste, où il n'y a ni contrôle, ni dénonciation, ni raisonnement, c'est la brutalité qui domine.

La loi, ici est lettre morte, les petits manquent, on les corrige, c'est l'intérêt du patron : aussi, en cas de plaintes des parents, étouffe-t-il les histoires, car elles nuisent au recrutement et à la réputation de l'usine.

Les hommes meurent d'autant plus vite qu'ils ont soufflé jeunes ; la mort fait constamment des vides qu'il faut combler ; l'industrie réclame de continuelles provisions de *jeune viande à feu*. Le métier est discrédité, les verriers, sauf les plus malheureux, ne lui donnent plus leurs enfants ; tout l'espoir du verrier est là : ne pas faire de ses enfants des verriers. Des rabatteurs parcourent les campagnes en quête de familles pauvres, dont ils louent la progéniture, filles ou garçons.

Mais cela ne suffit pas, l'assistance publique qui fournissait des pupilles à profusion, a dû, sous nos protestations, restreindre ses prodigalités, — auxquelles, paraît-il, les *cadeaux en service de table* et *autres*, faits aux chefs, n'étaient pas étrangers — les agences Santol et autres ne suffisent pas non plus, on va chercher. des petits Savoyards et des Bretons.

Depuis longtemps déjà, les verreries de la Seine, de la Loire et du Rhône ont recours aux petits Italiens ; ils en font maintenant rabattre d'Espagne.

Admirons, ici, l'efficacité de la loi et le respect que les industriels en ont : Français ou étrangers, les enfants viennent à tout âge ; s'ils sont trop jeunes, on les occupe avec l'état civil de leurs frères, de leurs cousins ; s'ils n'en ont pas, on leur en fabrique. Cela se passe surtout dans la Loire et le Rhône.

Les pupilles de l'Assistance publique, car elle en donne encore, — on nous assure qu'une verrerie de l'Oise bénéficie de ses faveurs, — sont logés en colonie ; on les appelle les *bâtards* et leurs pensions : les bâtarderies. La situation de ceux de Santol est la même : ce sont *les bâtards à Santol*.

En Normandie, les patrons obtenaient ces enfants jusqu'à l'âge de 21 ans, à charge pour eux de payer leur pension et de leur mettre quelques pièces de cent sous à la caisse d'épargne ; cela se répartissait ainsi : pension, 1 franc à un 1 fr. 50 ; caisse d'épargne, 15 à 20 fr., au maximum de 50 à 70 francs par mois ; or, dès 15 à 16 ans, jusqu'à leur majorité, ces jeunes gens étaient souffleurs et tenaient la place d'ouvriers payés 160 à 200 francs. La fortune des maîtres verriers de Normandie s'est accrue de cette spéculation ; c'est de la misère et du sang de ces petits déshérités que les vampires ont tiré leurs millions.

Notre campagne a mis frein à cela ; mais bien que réduit, le trafic subsiste ; de l' 'ssistance publique, des agences louches et de tous les marchands de jeune chair, les petits sont odieusements pressurés. Ils sont les bâtards, les réprouvés, les sacrifiés ; à eux les mauvais postes, les sales corvées, les insultes et les coups. Ils vivent parqués tels des jeunes chiens, dans une promiscuité dangereuse, privés de toute douceur, insuffisamment nourris ; constamment outragés, ils doivent tout subir, tout endurer.

Comment s'étonner si de temps à autre, ces malheureux fuient ces lieux de supplices, regagnent Paris à pied ou en *brûlant le dur* ou comme ce fut le cas de l'un d'eux, il y a deux ans, qui revint de Dijon suspendu sous un train.

Et l'inspection, direz-vous ? Allez leur en parler à ceux qui sont majeurs, ils vous diront comment elle intervenait autrefois. C'est à la table du maître que les inspecteurs de l'Assistance publique contrôlaient.

Tous les recrutés au dehors, français ou étrangers, sont généralement en colonie ou par fractions de 5 à 10 chez des particuliers ; on spécule sur leur nourriture, la pension est insuffisante, ils doivent mendier et chaparder pour y parfaire.

C'est le cas des petits Italiens surtout qui, ayant travaillé la nuit, vont ramasser les détritus des marchés ou mendier aux terrasses des cafés.

Belle pratique, belle industrie du verre, bonne France.

Tout ce qu'ont fait les verreries depuis les siècles passés, c'est agrandir les fours et moderniser les procédés de chauffage ; elles chauffaient autrefois au bois, aujourd'hui, c'est au gaz. Sauf dans le verre blanc, où l'on a conservé la fonte dans les pots, les *fours sont à bassin* ; ce sont des monstres de feu élevés de 1200 à 1700 degrés, dégageant autour d'eux, outre la chaleur, des odeurs sulfureuses et de la fumée qui prennent à la gorge, indisposent, sèchent constamment les muqueuses et altèrent.

A ces installations devaient correspondre une hygiène moderne, les maîtres ne s'en sont point souciés et ne s'en soucient toujours point ; peu leur importe que la *viande à feu* sèche et crève, puisqu'ils n'ont qu'à prendre de nouvelles provisions plus jeunes, plus productives. Devant les fours, les ouvriers sont à l'étouffoir, rien ne les protège ni ne les soulage. L'eau qu'ils boivent est sale ou douteuse, rarement fraîche, et en fait de réfectoire, c'est assis par terre ou sur un tas de charbon, dans la poussière et les microbes soulevés par le balayeur, qu'ils prennent leur repas.

Le travail est une souffrance continuelle, tels des damnés, les petits et les grands vont et viennent devant les fournaises, soufflent, brûlent, transpirent et cra-

chent, l'excès de transpiration épuise, le feu abîme la
peau qui finit par ne plus fonctionner, dans ces conditions le corps sèche, brûle intérieurement, on sent des
picotements sous la peau, la tête s'alourdit, l'estomac
rend ou refuse les aliments, c'est l'empoisonnement par
les toxines que la sueur n'élimine plus. C'est, en outre,
le coup de chaleur qui abat, qui ébranle tout l'organisme,
qui tue quelquefois ; et c'est, en tout cas un surmenage
excessif, une torture indéfinissable.

C'est dans ces conditions que les enfants travaillent.

Le verrier ne peut pas travailler tous les jours, il doit
fréquemment se reposer, se soigner ; jamais suffisam-
ment pourtant, car il faut que la paye vienne. Mais
l'adulte est maître de lui ; il s'arrête lorsqu'il est trop
fatigué, il s'en va ; il n'en est pas de même de l'enfant
qui doit des comptes à ses parents ou à ses maîtres, dont
les plaintes sont suspectées lorsqu'il quitte l'ouvrage ;
une autre considération s'impose ici : l'adulte, le *chef
de place*, gagne généralement de quoi se soutenir, il est
maître de son gain, il cherche un soulagement dans
une nourriture et des boissons variées ; l'enfant, lui, n'a
que ce qu'on lui donne, insuffisamment pour se nourrir
et de l'eau ou du mauvais café pour boire.

Anémiés, ployant sur leurs faibles jambes qui se dé-
forment, se cagnent, écrasés de fatigue, de souffrance
et de misère, tels sont les petits verriers.

Qu'on ne dise pas que nous exagérons, nous avons vu
et vécu cela, et l'on voit et l'on vit encore cela actuellement, dans ces géhennes ; rien n'est changé.

Un mot sur l'inspection du travail : elle s'est d'abord
heurtée aux influences politiques des patrons, ailleurs
à leurs plaintes ; l'industrie ne pouvait se passer d'enfants, le métier devait être appris jeune, etc. ; ces arguments, ces mensonges, eurent crédit ; les inspecteurs
fermèrent les yeux ; où ils firent leur service, une son-
nerie disposée à l'entrée des usines prévint les contre-
maîtres de leur arrivée ; les enfants en bas âge, cachés
dans les caves, les greniers, les locaux inoccupés, ou
fuyant par les portes dérobées étaient soustraits au
contrôle. C'est encore comme cela aujourd'hui.

Les dénonciations par vengeance, rarement par huma-
nité, ont initié peu à peu les inspecteurs à tous les trucs

dont on usait contre leur contrôle, nous en connaissons quelques-uns qui ne pardonnent pas, qui, à chaque infraction constatée, dressent des contraventions. Mais comme nous l'avons dit : qu'importe aux patrons des amendes de *cent sous*, les gosses rapportent plus que ça, l'inspecteur parti, ces derniers reprennent leurs postes et les abus continuent. Pour les empêcher, un service particulier aux verreries est nécessaire, et comme pénalités, l'emprisonnement des patrons. Mais nous attendrons cela longtemps, il est permis de tuer les petits pauvres.

Il y a les faux états civils donnant 12 ans à ceux qui n'en ont que 10 ; maires de leur commune ou électeurs influents, les patrons trouvent des complicités ; il y a ceux qu'on occupe sous le nom de leurs frères aînés ou de leurs cousins, les états civils sont ainsi truqués, et il faut les dénonciations particulières pour que les inspecteurs y aient l'œil. Il y a les faux papiers établis en Italie ou en Espagne et ailleurs, qu'il est impossible de contrôler. C'est ainsi que dans la Loire, des enfants qui ne paraissent pas avoir plus de   it ans sont occupés.

Et puis, ou l'inspecteur fait son devoir, ou il ne le fait pas ; ou l'organisation ouvrière ne pèse pas, il est rare que le contrôle soit fait.

Il y a toujours des malheureuses mères pour donner leur progéniture aux verreries, des veuves, d'autres, pas moins à plaindre, dont le mari boit la paye ou qui ont trop d'enfants ; nous connaissons des patrons qui, avant que nous les dénoncions, payaient d'autant moins que les petits étaient jeunes ; ils en avaient ainsi à 0 fr. 50 par jour, au lieu de 1 fr. 50. A celles-là, les patrons disent : ils n'ont pas l'âge, envoyez-les nous la nuit, que l'inspecteur ne les voit pas.

C'est ainsi que la loi qui est censée protéger l'enfant, n'a rien protégé ; tout est à faire.

Contre cet abus criminel, les instituteurs pourraient parler ; mais l'ambiance leur défend ; ils constatent les vides dans leur classe et c'est tout.

On occupe des filles dans presque toutes les verreries, mais généralement dans les magasins ou les ateliers auxiliaires, il n'y a que dans le Nord et dans les verreries blanches de la Loire et du Rhône qu'on les anémie autour des fours. Dans le Nord surtout, où les garçons vont de préférence aux mines et aux métallurgies, elles se rabattent sur les filles.

Mettre ses filles aux travaux des fours, est considéré, dans nos milieux ouvriers, comme une ressource dégradante ; aussi n'y a-t-il pas de respect pour les filles de fours.

Les parents pauvres, ceux chez qui il n'y a point de place pour la dignité, les y amènent toutes jeunes, ou les raccoleurs les vont chercher, et lorsqu'elles y sont, elles y restent généralement jusqu'à ce que devenues femmes, elles s'en échappent. Dans les verreries à bouteilles elles font le même travail, à 12 ans qu'à 18 ; dans les verreries à vitres, elles sont aux *stracous* (1), dans la fumée, occupées douze heures par jour, où elles triment au portage des *canons* (2).

Mais ce que nous connaissons de plus affreux actuellement, c'est le travail des gamines dans les verreries blanches du Lyonnais ; nous en avons vu, l'été dernier, par les chaleurs les plus torrides, accroupies dans les trous, se renversant pour éviter la fumée qui se dégage des moules, les vêtements trempés de sueur, noires de fumée et de poussière, leurs pauvres mains brûlées enveloppées de loques sales. sales de l'eau boueuse dont elles mouillent les moules lorsqu'ils deviennent rouges ; quelle vision horrible ! nous n'imaginions pas qu'en pleine ville de Lyon, on tolérait pareille supplice d'enfant.

Nous avons vu, dans cet état, de misérables petites Italiennes ; quel âge avaient-elles ? 10 à 12 ans, leurs cheveux noirs bouclés se distinguant à peine de leur visage, tant elles étaient sales ; comme nous avons vu des vieilles Italiennes, les mères ou les grand'mères, pauvresses ridées, en haillons, *porter aux arches*. Quel

---

(1) Les *stracous* servent à réchauffer les vitres dont la forme primitive est un cylindre de longueur et de largeur variées appelé *canon* ou *manchon*, qui sont d'abord fendus sur leur longueur, ouverts et étendus sur des dalles *ad hoc*, à l'aide d'un polissoir en bois, par l'ouvrier *platisseur* ou *étendeur*.

(2) *Portage des canons*, portage des vitres dans leur forme primitive, cylindres qui varient de 1 à 2 m. 50 de longueur.

spectacle ! et on voudrait que nous ne flétrissions pas pareilles horreurs, sous prétexte de concurrence étrangère ; qu'elle crève, l'industrie, s'il est vrai que son existence tient à cela !

Dès leur entrée en verreries, comme celle des garçons, d'ailleurs, leurs joues roses disparaissent, c'en est fait en huit jours ; elles fondent, jaunissent, se fanent ; toutes s'étiolent comme des plantes privées de lumière, et si la tâche est pénible pour les garçons, elle l'est doublement pour les filles ; elles sont plus faibles, leurs vêtements, leur chevelure leur tiennent plus chaud, elles ne peuvent, comme les hommes, se dévêtir à demi, il est courant de couper les cheveux aux plus jeunes.

Les travailleurs des verreries n'ont pas d'histoire, ils ont vécu ignorés, mais si un Zola les avait vus, les avait peints, quelle page émouvante il aurait écrit sur ces malheureuses fillettes ravalées, meurtries. victimes de la misère, jetées dans un milieu infernal, moralement et physiquement déprimant.

Où ces fillettes font surtout peine à voir, accroupies dans les trous ou aux courses du portage, c'est aux époques menstruelles, dès leur formation ; elles pleurent généralement toute la journée, tant que cela dure, sans oser confesser les causes de leur peine ; cela se devine, et comme si leurs douleurs n'étaient pas suffisantes, des brutes ignares et grossières les raillent, les froissent sur leur état.

Le langage des verreries ne le cède en rien à celui des casernes, il est pire ; l'ignorance, la brutalité ont créé des mentalités ignobles, sans égard pour les petits et les petites, il s'y tient ouvertement les propos les plus dégoûtants ; aussi le vocable se transmet-il fidèlement, sans retenue aucune, les gamins et les gamines l'empruntent ; en huit jours, c'en est fait des délicatesses, des pudeurs, les enfants savent tout et voient tout.

Je dis qu'ils voient tout, car les brutes ne s'arrêtent pas aux propos et aux gestes impudiques, leur plaisir serait non satisfait s'ils ne poussaient la bestialité jusqu'à se déboutonner, bien en évidence, aux regards forcés des fillettes occupées à les servir.

Cela fut signalé par un de nos amis à M. Viviani, lorsqu'il était ministre du Travail, cette information alla, sans doute, au panier, car il n'y fut pas, à notre connaissance, donné de suites.

Telles sont les verreries et la moralité qui s'y propage.

* * *

La verrerie française va mourir ; c'est une de ses particularités d'être toujours près de la mort ; qu'il s'agisse de réformes légales ou de revendications ouvrières, les patrons poussent leur plainte lugubre. C'est ainsi qu'ils obtiennent tolérance et dérogations ; mais c'est en leur faisant crédit qu'on a perpétué l'horrible exploitation ; on leur a donné carte blanche, ils en ont usé et abusé.

Il s'agit, actuellement, pour eux, d'arrêter au Sénat et de faire enterrer la proposition Lemire, que la Chambre a votée, et qui supprimerait les dérogations dont jouissent les usines *à feu continu*, leur permettant de faire travailler les enfants la nuit.

Qui ne connaît les verreries ne peut contrôler les affirmations patronales, mais nous qui en sommes, qui assistons au supplice des enfants, et qui pouvons prouver qu'ils ne sont pas indispensables, nous crions : mensonge ! criminel mensonge ! on peut faire de l'industrie sans enfants.

Nous avons réfuté leurs arguments dans la *Voix des Verriers*, voudra-t-on en tenir compte ? Une preuve qu'ils mentent, c'est alors que le nombre des enfants occupés, en général, est de 25 à 40 % du personnel des verreries, il est seulement de 8 % à la Verrerie Ouvrière d'Albi et de 5 % dans toutes celles de Bordeaux.

Pour la verrerie à bouteilles, dont les *maîtres* crient le plus fort à la ruine, la Verrerie Ouvrière qui a les mêmes fours et le même système de travail qu'eux, déclare que la réforme est possible et elle engage le Sénat à la voter.

Dans les verreries blanches, un tiers seulement font travailler la nuit, sur quoi justifient-elles l'impossibilité de l'appliquer ?

Le nombre des enfants occupés varie d'une région à une autre, où il n'y en n'a pas en suffisance, on occupe des adultes ; pourquoi ne pas généraliser ? pourquoi, au

même travail, ici l'adulte, et là l'enfant ? La raison :
c'est que les enfants se payent meilleur marché, on en
occupe le plus possible.

Autre exemple : dans le Nord, du fait de l'interdiction
de faire travailler les filles la nuit, on les occupe le jour,
et les garçons, la nuit, toujours la nuit, des mois, des
années. C'est une particularité qui n'existe pas dans les
autres régions où les filles n'accèdent pas aux travaux
des fours.

Le travail des enfants est une maladie des verreries,
le remède, c'est sa suppression ; la nuit d'abord, le jour
ensuite ; qu'on l'impose d'une manière générale et les
patrons organiseront le travail à l'aide d'adultes.

Quant à laisser tomber leur industrie, on peut être sans
crainte, elle est trop bonne vache.

Dans nos Congrès internationaux, nous avons honte
de confesser cette situation ; nous nous sommes placés,
à ce sujet, à côté de la Russie et de la Hongrie ; et hau-
tains, comme toujours, des progrès de leur pays, les
ouvriers allemands nous déclarent : chez nous, la question des enfants ne se pose pas, l'exploitation dont vous
parlez n'existe pas.

C'est réel, nous avons vu, en Allemagne, une verrerie
à bouteilles ; nous fûmes stupéfaits de ne pas voir d'enfants sur les places, et nous ne pûmes nous empêcher
de faire au directeur l'éloge de cette organisation du
travail. Nos maîtres qui déclarent ne pouvoir se passer
d'enfants, la connaissent bien, mais ils se gardent de
l'imiter.

Le résultat : c'est que les ouvriers allemands sont
moins vite fatigués et usés que les nôtres ; c'est que
comme mentalité et hygiène, ils nous dépassent de beaucoup. Tous passent par l'école jusqu'à 14 ans, tous ont
de l'instruction, alors qu'en France nous sommes les
trois quarts ne sachant pas lire, n'ayant ni tenue, ni
respect pour nous-mêmes ni pour les autres. Les milliers
de petits Français qu'on abrutit dans les verreries ga-
gneraient à être Allemands.

Nous n'exagérons rien, la mentalité et la santé des
ouvriers sont, là-bas, supérieures à celles des nôtres,
les verreries d'outre-Rhin ne recrutent pas que du
déchet humain, de la graine de misère, fatalement vouée

à l'alcoolisme et à la tuberculose ; ils ont, les industriels allemands, en même temps que le souci de leurs intérêts, le respect de leurs obligations.

Combien sont différents les nôtres ! Mais alors qu'ils réclament au législateur le droit de continuer à mutiler l'enfance, à abâtardir et à tuer la race ; nous, nous demandons : que les enfants n'entrent plus en verreries avant l'âge de 14 ans, comme en Allemagne ; que leurs travaux soient contrôlés et limités ; et lorsqu'ils s'insurgent contre la proposition Lemire, qui n'est qu'un palliatif, nous crions : « Périsse l'industrie du verre, si nos enfants doivent lui être sacrifiés. »

CH..DELZANT.

Namur, le 9 juin 1912.

Pour plus de détails sur le travail des verriers et des enfants, nous conseillons de voir les études : des frères Bonneff, *La Vie tragique des travailleurs ;* de Grandjouan, *Les Esclaves modernes ;* et les études faites par nous dans *La Vie Ouvrière,* n°s 20 et 24, ainsi qu'un article « Les Verriers », parus dans *La Revue Médico-Sociale.*

Ces volumes sont en vente aux « Temps Nouveaux »

IMPRIMERIE
" *LA PRODUCTRICE* "
(Association ouvrière)
51, rue Saint-Sauveur
PARIS
Téléphone 121-78

LECTURES POUR ENFANTS

Tous les livres de lecture pour enfants sont entachés de fausse morale religieuse ou bourgeoise. Nous avons cherché, dans la littérature de divers pays, les contes qui pouvaient amuser sans fausser l'esprit et, à cette heure, nous avons en vente trois volumes de contes choisis intitulés le **Coin des Enfants**, 1re, 2e et 3e séries, contenant des illustrations de Hermann-Paul, Kupka, Delannoy, Hénault, Iribe, Willaume, M. H. T. Delaw, et de Roëck.

Chaque volume : 3 francs
Les trois ensemble : 7 fr. 50

NOUS EN PRÉPARONS UNE 4ᵉ SÉRIE

BIBLIOTHÈQUE DOCUMENTAIRE

Tous ceux qui exècrent la GUERRE,

Tous ceux qui ont la haine du MILITARISME, **doivent lire :**

Guerre-Militarisme
Patriotisme-Colonisation

Recueils de tout ce que les écrivains les plus en vue, de toutes les époques, ont écrit contre la GUERRE et tous les maux qu'elle engendre.

Belle édition sur papier glacé, avec illustrations de Luce, Herman-Paul, Steinlen, etc., etc. Édité à **9 francs** l'exemplaire, nous laissons chaque volume à **6 francs** pour remplacer l'édition de propagande épuisée.

TERRE LIBRE

Par J. GRAVE. Illustrations de M. H. T.

Dans ce conte, écrit pour la « Escuela Moderna » de Ferrer, l'auteur a tenté de donner un aperçu de ce que pouvait être, dans une société égalitaire, l'organisation du travail.

Prix de l'exemplaire : 3 francs.

LES "TEMPS NOUVEAUX" Paraissant tous les 8 jours avec un Supplément littéraire.
10 cent. le numéro. — Administration : **4, rue Broca.**
ABONNEMENT : France, un an, **6 fr.**; Extérieur, **8 fr.**

EN VENTE AUX " TEMPS NOUVEAUX "

Aux Jeunes Gens, par KROPOTKINE, couverture de ROUBILLE.............. » 15
L'Education libertaire, par D. NIEUWENHUIS, couverture de HERMANN-PAUL » 15
Le Machinisme, par J. GRAVE, couverture de LUCE....................... » 15
Pages d'histoire socialiste, par W. TCHERKESOFF.................... » 30
La Panacée-Révolution, par J. GRAVE, couverture de MABEL (*épuisé*)...... » 15
A mon Frère le Paysan, par E. RECLUS, couverture de RAIETER.......... » 15
La Morale anarchiste, par KROPOTKINE, couverture de RYSSELBERGHE ..... » 15
Déclarations d'Etiévant, couverture de JEHANNET.................... » 15
La Colonisation, par J. GRAVE, couverture de COUTURIER .... » 15
Entre Paysans, par E. MALATESTA, couverture de WILLAUME............. » 15
Patrie, Guerre et Caserne, par Ch. ALBERT, couverture d'AGARD......... » 15
L'Organisation de la Vindicte appelée Justice, par KROPOTKINE, couver-
    ture de J. HÉNAULT .... » 15
L'Anarchie et l'Eglise, par E. RECLUS et GUYOU, couverture de DAUMONT.... » 15
La Grève des Electeurs, par MIRBEAU, couverture de ROUBILLE........... » 15
Organisation, Initiative, Cohésion, par J. GRAVE, couverture de SIGNAC... » 15
Le Tréteau électoral, piécette en vers, par LÉONARD, couv. de HEIDBRINCK. » 15
L'Election du Maire, piécette en vers, par LÉONARD, couverture de VALLOTON. » 15
La Mano-Negra, couverture de LUCE.................... » 15
La Responsabilité et la Solidarité dans la Lutte ouvrière, par NETTLAU,
    couverture de DELANNOY .... » 15
Anarchie-Communisme, par KROPOTKINE, couverture de LOCHARD.......... » 15
Si j'avais à parler aux Electeurs, par J. GRAVE, couvert. de HERMANN-PAUL » 10
La Mano-Negra et l'Opinion française, couverture de HÉNAULT .... » 10
La Mano-Negra, dessins de HERMANN-PAUL.................... » 40
Entretien d'un Philosophe avec la Maréchale, par DIDEROT, couverture
    de GRANDJOUAN .... » 15
L'Etat, son rôle historique, par KROPOTKINE, couverture de STEINLEN...... » 25
La Femme esclave, par CHAUGHI, couverture de HERMANN-PAUL .... » 15
Vers la Russie libre, par BULLARD, couverture de GRANDJOUAN.... .... » 45
Le Syndicalisme dans l'Evolution sociale, par J. GRAVE, couv. de NAUDIN. » 15
Les Habitations qui tuent, par Michel PETIT, couverture de Frédéric JACQUE. » 15
Le Salariat, par P. KROPOTKINE, couverture de KUPKA.................... » 15
Evolution-Révolution, par E. RECLUS, couverture de STEINLEN............. » 15
Les Incendiaires, par VERMESCH, couverture de HERMANN-PAUL............ » 15
La Vérité sur l'Affaire Ferrer, par Auguste BERTRAND, couverture de LUCE. » 10
Terre Libre, par J. GRAVE.... .... 3 »
Patriotisme, Colonisation, illustré................. 6 »
La Conquête des Pouvoirs Publics, publiés par J. GRAVE, couverture
    de LUCE .... » 10
Les Prisons, par KROPOTKINE, couverture de DAUMONT.................... » 15
L'Esprit de Révolte, couverture de DELANNOY.................. » 15
L'Enfer militaire, par A. GIRARD, couverture de LUCE.................. » 20
Sur l'Individualisme, par PIERROT, couverture de MAURIN.................. » 15
L'Entente pour l'Action, par J. GRAVE, couverture de RAIETER............ » 15
Quelques Vérités économiques, par Louis BLANC, couverture de DISSY... » 10
Une des Formes nouvelles de l'esprit politicien, par Jean GRAVE, cou-
    verture de LUCE.................. » 10
Travail et Surmenage, par M. PIERROT........................ » 15
Contre la Guerre, couverture de C. LEFÈVRE.................. » 15
La Conquête des Pouvoirs Publics, par J. GRAVE, couverture de LUCE. » 10
Le Parlementarisme contre l'action ouvrière, par PIERROT et GIRARD, cou-
    verture de RODO PISSARO.................. »
La Royauté du Peuple souverain, par PROUDHON, couverture de RAIETER.... »
Les Conditions du Travail dans la Société actuelle, par SIMPLICE....... »
L'Evangile de l'Heure, par BERTHELOT, couverture de JEHANNET.......... »
Du Fond de l'Abîme (Lettres de Rousset), dessin de B. K.................. »
Travail de l'Enfance dans les Verreries, par DELZANT, dessin GRANDJOUAN. »